À la recherche du Temps

À la recherche du Temps

Une histoire de Vladimir Skutina
illustrée par Marie-José Sacré

bilboquet

Derrière la fenêtre, Julie regardait dans la rue.
Elle s'ennuyait. Jamais personne n'avait
de temps à lui consacrer.

Julie venait de demander à son père de lui raconter une histoire sur le temps qui passe. Et il lui avait répondu d'un ton bref :
« Tu vois bien que je n'ai pas le temps ! »
Papa lisait le journal et, de temps en temps, il jetait un regard sur la télévision. Julie alla trouver sa mère ; elle repassait une chemise tout en surveillant le gâteau dans le four.
« Maman, comment puis-je dessiner le temps ?
– On ne peut dessiner le temps. Le Temps est un ogre qui nous dévore. » Comme tout le monde refusait de lui prêter attention, Julie enfila son manteau et sortit. Au sommet de la tour, la grosse horloge marquait cinq heures vingt. « Je suis sûre que Le Temps vit là », pensa-t-elle. Et elle décida d'aller le trouver.

Le portail était ouvert. La cour était recouverte de neige et des traces de pas semblaient mener à la tour. Julie se rappela les mots de sa mère : « … un ogre qui nous dévore ! »

La curiosité de Julie était plus forte que sa peur. Elle poussa une lourde porte et entra sur la pointe des pieds. Un escalier de pierre grimpait dans la tour. Brusquement, le vent claqua la porte derrière elle. Julie frissonna. « … Le Temps est un ogre ! » Les mots de sa mère résonnaient encore dans sa tête. Julie imagina alors qu'elle était l'héroïne d'un conte de fées. Elle décida donc de ne pas avoir peur. Dans les contes de fées, rien de fâcheux n'arrive au héros courageux ! « Es-tu là, Le Temps ? Je n'ai pas peur de toi » , cria-t-elle en montant l'escalier quatre à quatre. Parvenue à une plate-forme, Julie découvrit avec étonnement une impressionnante mécanique d'horloge.

Il y avait là un enchevêtrement de chaînes et d'engrenages. Un balancier marquait régulièrement les secondes. Soudain, dans un grincement métallique, la machine se mit en marche. L'horloge sonna la demi-heure. Un petit homme apparut alors au-dessus du mécanisme. « C'est toi Le Temps ? cria Julie. Tu n'as pas l'air d'un ogre ! Tu ressembles à mon grand-père. Mais tu n'es pas gentil avec mes parents. Tu ne leur laisses jamais de temps pour jouer avec moi. »

Alors, Julie raconta au petit homme qu'elle était à la recherche du Temps. Elle était venue le trouver pour avoir des explications. Elle voulait comprendre pourquoi ses parents lui disaient si souvent : « Je n'ai pas le temps ! » Son frère lui avait dit que Le Temps vivait dans une horloge. Et Julie l'avait cherché dans la montre de Papa et dans la pendule du salon. Mais elle n'avait pas trouvé Le Temps ! Il vivait sûrement dans une plus grande horloge : celle de la tour de l'Hôtel de Ville, peut-être ? Voilà pourquoi Julie se trouvait là, maintenant, en face de lui.

« Que fais-tu toute la journée, Le Temps ?

– Je prends soin du mécanisme pour que le temps se déroule normalement.

– S'il te plaît, pour une fois, arrête-toi Le Temps, demanda Julie. Je pourrai rentrer à la maison, et tout le monde aura un peu de temps pour moi.

– Ce n'est pas possible, dit le petit homme. On ne peut pas retenir Le Temps. »

Mais Julie savait bien que tout est possible dans les contes de fées.

Le petit homme fit grimper Julie sur une poutre pour lui montrer la ville. « Tout est possible avec Le Temps. Regarde ce que les hommes ont réalisé. Ils ont construit des maisons, des villes. Ils ont découvert la lumière, la voiture, l'avion, … Et pour cela, ils ont eu besoin de temps.

Les hommes ont appris à organiser leur temps.
Le Temps les aide, même s'il est parfois
un peu avare avec eux. »

Soudain, Julie sauta de la poutre et voulut savoir l'heure. « Il est presque six heures, gémit-elle. Je devais rentrer à la maison avant six heures ! » Et elle implora : « S'il te plaît, pour une fois, arrête le temps ! » Le petit homme sourit : « Je ne suis pas Le Temps, tu sais. Je suis l'horloger. Je peux donc arrêter l'horloge, exceptionnellement pour toi. » Il arrêta le balancier et un grand silence envahit soudain la tour. Julie ne voulait pas croire que le petit homme n'était qu'un horloger. Mais elle était très contente qu'il ait arrêté l'horloge. Elle salua Le Temps et partit en courant.

Julie arriva à la maison tout essoufflée. « D'où viens-tu ? » demanda son père en colère. Il venait de regarder sa montre qui indiquait six heures quinze. « Je sors d'un conte de fées », répondit Julie. L'horloge de la tour commença à sonner. « Il est juste six heures ! » dit Julie en désignant du doigt la grosse horloge. Les parents eurent un air amusé.

« Qu'as-tu vu dans ton conte de fées ? lui demanda sa mère.
– J'ai rencontré Le Temps. Et si vous avez un peu de temps pour moi, je vais tout vous raconter : “ Derrière la fenêtre, Julie regardait dans la rue. Elle s'ennuyait… ” »

Dépôt légal Bibliothèque nationale, septembre 1995.
ISBN 2-84181-015-1.
Imprimé en CEE.
Imprimé et Relié par Partenaires